Sören Meng

Lass' die Seele baumeln

D1731741

Engelsdorfer Verlag
2009

Bibliografische Information
Durch die Deutsche Nationalbibliothek:
Die Deutsche Nationalbibliothek verzeichnet diese Publikation in
der Deutschen Nationalbibliografie; detaillierte bibliografische
Daten sind im Internet unter http://dnb.d-nb.de abrufbar.

ISBN 978-3-86901-674-0

Copyright (2009) Engelsdorfer Verlag
Titel/Layoutkonzept: HuwerLogo, 66583 Spiesen
Fotos: Sören Meng

Hergestellt in Leipzig, Germany (EU)
www.engelsdorfer-verlag.de

Inhaltsverzeichnis

Lass die Seele baumeln

Lass die Seele baumeln,
lass' sie einfach gehn'n,
genieß' das leichte taumeln,
lass' Dich im Winde weh'n.

Vergiss die ganze Plage
und schaue nicht zurück,
nach manch' verlorenen Tage
begegnet Dir das Glück!

Den Blick nach vorn gerichtet,
der Stress perlt an Dir ab,
das Schöne wird gesichtet
Du fühlst Dich nicht mehr schlapp.

Den Mut, den Wind im Rücken,
lehnst Du Dich still zurück,
alles wird Dir glücken,
genieße nur ein Stück.

Onkel Bobs Haus

Ich halte sie wieder in den Händen. Die weiße, kleine Muschel, die in mir viele Erinnerungen weckt. Ich schließe die Augen und nehme noch immer den Geruch des Meeres wahr, der von ihr ausging. Die Muschel war ein Geschenk von Onkel Bob.
Onkel Bob war nicht mein richtiger Onkel, er wohnte zwei Straßen von meinem Elternhaus entfernt in einem kleinen Haus. Er war schon über 70 Jahre alt und hatte immer ein Lächeln auf den Lippen. Mein Vater lieh sich einmal ein Werkzeug von ihm aus, und so lernte ich ihn kennen. Er hatte so etwas Spitzbübisches.

Er konnte gut mit Kindern umgehen und hatte allerlei Geschichten auf Lager. Er lebte seit Jahren allein, seine Frau war gestorben, sein längst erwachsener Sohn lebte in einer belgischen Stadt. Enkel hatte er keine. Das war vielleicht auch der Grund, warum er sich gerne mit Kindern beschäftigte. Einmal, ich war acht Jahre alt, fuhr ich mit meinem Fahrrad auf dem Gehsteig an seinem Haus vorbei. Und da passierte es, die Kette sprang ab, ich erschrak und landete höchst unsanft auf dem Boden. Mein Knie blutete, aber mich interessierte nur mein neues Fahrrad. Da kam mein Retter. „Was ist denn mit dir passiert, kleiner Mann? Bleib' ruhig liegen, ich helfe dir."
„Können sie mir mein Fahrrad wieder heil machen?", fragte ich.

„Kleiner, ich bin für dich der Onkel Bob und glaube mir, das kriegen wir hin. Aber zuerst wirst du verarztet!"

Dieses Erlebnis war der Anfang einer wunderbaren Männerfreundschaft. Nachdem er mein Knie mit einem Pflaster versehen hatte, reparierte er das Fahrrad. Meine Kinderaugen funkelten wieder. Onkel Bob wurde für mich immer wichtiger. Täglich nach der Schule besuchte ich ihn, half im Garten und wurde oftmals mit Eis belohnt. Auch meine Spielkameraden durfte ich mitbringen, Onkel Bob war immer mittendrin und verstand es, uns vortrefflich zu unterhalten. Gerne erinnere ich mich an unsere Herbstfeuer.

Dann gab es leckere Kartoffeln, die mit Alufolie ummantelt, in der Glut gegart wurden. Onkel Bob konnte ich mein Herz ausschütten: Als ich wegen schlechter Noten traurig war, hörte er mir zu. Für mich brach eine Welt zusammen, doch Onkel Bob meinte nur: „Alles halb so schlimm, das Leben geht weiter!"

Dann brachte er mir aus dem Keller die besagte Muschel. „Sieh mal, Kleiner, wie wunderbar die Natur ist. Diese Muschel hat jahrelang im Meer gewohnt. Sie zeigt dir immer den Weg zum Meer, wenn du sie ans Ohr hälst, hörst du die raue See." Onkel Bob hatte recht. Ich hatte das Meer in meinem Ohr. Ich schloss die Augen und roch an der Muschel. Für einen Moment glaubte ich, auch die Meeresbrise zu genießen. „Onkel Bob, sag', das Meer ist das groß?" „Aber ja Kleiner, das Meer ist so groß, dass wir Menschen es uns nicht vorstellen können. Wenn du am Strand liegst und über das Meer blickst, ahnst Du etwas von der unendlichen Weite. Der Mensch wird auf einmal ganz klein. Ein kleiner Tropfen im Ozean." „Onkel Bob, fährst du immer noch ans Meer?"

„Ja, Kleiner, weißt Du, ganz in der Nähe lebt mein Sohn. Und dann wohne ich in meinem eigenen Haus am Meer, und er besucht mich dann und wann." „Du hast ein eigenes Haus am Meer?" „Direkt am Meer." Ich konnte es kaum fassen. Mein Onkel Bob hatte noch ein Haus am Meer, wie die Großen, die Reichen, die ich aus dem Fernsehen kannte. Sicherlich hatte er ein eigenes Boot und ganz viele Bedienstete. Ich malte mir Onkel Bobs Leben am Meer mit blühenster Fantasie aus. Wenn ich groß bin, das schwor ich mir, dann will ich auch ein Haus am Meer haben. Ab diesem Zeitpunkt musste mir Onkel Bob Geschichten vom Meer erzählen. Geschichten voller Abenteuer, von versunkenen Schiffen, von unentdeckten Schätzen, von gefährlichen Haien und immer wieder von seinem Leben direkt am Meer.

„Onkel Bob, wenn ich groß bin darf ich dann auch mal mit dir ans Meer fahren!" „Wenn du groß bist, wirst du auch ans Meer fahren, und wenn du die fantastischen Farben des Wassers in der Sonne siehst, denkst du an Onkel Bob, das musst du mir versprechen!" „Klar, Onkel Bob, dann angeln wir aber zusammen einen Riesenhai, den wir dann zu Fischstäbchen verarbeiten!"
Onkel Bob lächelte vor sich hin.
Die Zeit verstrich, irgendwann wurde Onkel Bob krank, sein Haus wurde verkauft und er zog zu seinem Sohn in die Stadt. Ich konnte mich gar nicht mehr richtig von ihm verabschieden, schickte ihm aber einen Brief mit einem Bild, das ich gemalt hatte. Es zeigte mich und Onkel Bob vor dem Haus am Meer. Jahre vergingen, von Onkel Bob hörte ich nichts mehr.

Eines Tages erzählte mir mein Vater, dass Onkel Bob gestorben sei. Ich war traurig und erzählte meinem Vater alles, was Onkel Bob mir über das Leben am Meer erzählte. Auch von seinem eigenen Haus am Meer erzählte ich ihm. Mein Vater wunderte sich, von einem Haus hatte Bob ihm nie erzählt. Jetzt wäre die Geschichte vorbei, hätte es nicht wiederum einige Zeit später eine Begebenheit gegeben. Onkel Bobs Sohn kam in unseren Ort und schaute auch bei meinem Vater vorbei. Mir hatte er eine Kiste mit Muscheln und Bildern mitgebracht.

„Papa hat immer erzählt, dass du Dich fürs Meer interessiert hast. Die Kiste soll dir gehören." „Hatte dein Vater ein Haus am Meer?", fragte mein Vater. „Wie man's nimmt. Er machte jedes Jahr ein paar Wochen Urlaub an der belgischen Küste. Er mietete sich einen Platz am Strand und stellte dort eine kleine Holzbude auf, wo er seine Habseligkeiten, wie Angel und Liegestuhl, verstaute. So brauchte er nicht alles Tag für Tag ans Meer zu schleppen. Mein Vater war ein praktischer Mensch. Wenn man die Bude als Haus bezeichnet, hatte er, zumindest zeitweise ein Haus direkt am Meer."

Onkel Bob und sein Haus am Meer. Schöne Erinnerungen kommen in mir hoch. Wenn ich das nächste Mal wieder ein paar Tage ans Meer fahre und sehe, wie sich die Sonnenstrahlen im Wasser brechen, denke ich an Onkel Bob. Dann ist er mir besonders nah.

Seine Muschel werde ich mitnehmen.

Lass Dich fallen

Lass Dich fallen,
einfach so,
ohne die Richtung zu kennen,
Du fällst weich.

Lass Korken knallen,
werde froh,
Du fängst an zu rennen,
Glück macht reich.

Schau zur Sonne,
Blick nach vorn,
Winde verzaubern Dich,
wehendes Haar.

Genieß die Wonne,
Deine Kraft ist enorm,
keiner lässt Dich im Stich,
mach' alles klar!

Der Lack ist ab

Der Lack ist ab,
alles nur noch Fassade,
doch auch die bröckelt.

Eine ganze Zeit lang ging es gut,
dann nicht mehr,
jetzt senkt sich der Vorhang.

Einst leuchtende Farben,
in dichtem Grau versenkt,
hoffen auf den Neubeginn.

Man geht wortlos vorbei,
mit schnellem Schritt,
warum sollte man stehen bleiben?

Noch einmal aufbäumen,
doch die Kraft fehlt,
der Lack ist ab.

Die Bewerbung

Er hat sich beworben. Morgens, als er die Zeitung las, hat er das Inserat gefunden. Dick und fett ist die Überschrift kaum zu übersehen. „Mensch, das wäre was für mich", denkt er, denn sie suchen einen Mann für alle Fälle. Einen, der Fünfe grade sein lässt, einen, der sich, wenn es sein muss den Kittel verreißt. Die Stelle ist wie für ihn geschaffen.

Mit zittriger Hand schreibt er: „Hiermit bewerbe ich mich um…" Briefmarke darauf und ab geht die Post. Abends am Stammtisch kann er kaum noch das Wasser halten. Es muss raus, was raus muss. Er schwärmt von dem vermeintlich neuen, guten Job. Anselm, der jüngste in der Runde, kommt als erster zu Wort. „Mensch, der Arbeitgeber ist doch mein Schwager. Da kann ich was tun, für was hat man schließlich Stammtischfreunde!" Und schon kommt die Lawine in Fahrt. Er freut sich insgeheim, doch mit Schrecken bekommt er mit, was geschieht. Der komplette Stammtisch kommt in Wallung.

Zuerst nimmt man sich ihm an. Er und ein Mann für alle Fälle, er ist doch das Weichei, das selbst bei einem leichten Föhn umfällt! Er, der ewig Gutgelaunte, wäre doch höchstens was für den Zirkus.
Die Stammtischbrüder kommen in Fahrt. Und erst der Verdienst, da werden Leute mit Klasse gesucht, brüllt der fette Gustl. Ja, denkt er sich, Gustl musste dreimal die dritte Klasse wiederholen und kam aus Gefälligkeit beim Busenfreund des Vaters unter.

Dass er heute steinreich ist, hat er seiner holden Gattin zu verdanken. Doch das zählt nicht, schließlich geht es um die Bewerbung.

Es geht hoch her und als der Wirt die fünfte Runde Freibier des Bänkers Antonius, der mit größtem Vergnügen das Treiben vom Nachbartisch aus verfolgt, bringt, meldet sich der listige Dieter zu Wort. „Und so einer will sich bewerben. Ein Mann, der in seiner Freizeit Kaulquappen züchtet". Das war ein Schlag ins Kontor, jetzt ist sein Hobby Thema. Ein Kaulquappenzüchter als Mann für alle Fälle geht nun wirklich nicht, wobei der listige Dieter seine Vorliebe für hohe, rote Latexhandschuhe verschweigt.

Nach der nächsten Bierrunde schlagen sie sich gegenseitig für den Job vor. Es gibt nur Gewinner, doch der Urheber des geselligen Abends schaut bekümmert aus. Was hat er nur angerichtet?

Am nächsten Morgen meldet er sich bei der Personalstelle des Unternehmens und möchte mit dem Chef wegen seiner Bewerbung sprechen. „Tut mir leid, mein Herr", säuselt die freundliche Sekretärin.

"Die Stelle wurde gestern Nacht innerfamiliär vergeben. Ein Schwager ist schließlich ein Schwager."

Das Faultier

Wie oft ist er ein Wichtigtuer,
ein „Lass-die-Hände-Ewig-Ruher",
er hält nicht viel vom Bücken,
er liebt es, sich zu drücken.

Ein Typ, der gern daher flaniert,
und seine Faulheit präsentiert.
Seht her, ich bin der Immerwichtig,
nichts tun, ja das ist goldrichtig!

Doch spricht man ihn darauf an,
- dann rette sich, wer kann!
Denn jetzt kostet es Stunden,
die Arbeit, die hat er erfunden.

Wenn andere dann zu Haus relaxen,
lesen oder auch mal „sexen",
dann macht er seine Schau,
läuft schnell aus seinem Bau,
im Arbeitstress gibt er jetzt Gas,
Arbeit, was machst Du mir Spaß,

Es nimmt ihm wirklich niemand krumm,
wir sind sein Publikum,
das Faultier, das nur sonntags kehrt,
ist irgendwie doch liebenswert...

Frühling

Endlich raus aus den vier Wänden,
soll das Wetter niemals enden,
wann wird die Natur erwachen,
und die Blütenzeit entfachen?

Jeder schläft im Schneckenhaus,
hält die Kälte nicht mehr aus,
bei jedem Kalenderblatt, das fällt,
erwacht ein Stückchen neue Welt.

Frischer Duft aus Wald und Wiesen,
lässt das Leben neu genießen,
neue Farben künden frei,
die dunkle Zeit, sie geht vorbei.

Frühling lässt uns Kräfte tanken,
statt zu zweifeln, statt zu wanken,
gibt uns Frühling neue Kraft,
den Winter haben wir geschafft.

Was wird sein

Was wird sein, komm' sag' doch, was wird sein,
wenn alles, was so klar, im Nichts versinkt.
was wird sein, wenn alle Hoffnung geht,
du merkst, es ist zu spät, die Zeit verrinnt.

Dann besinn' Dich , einmal auf Dich selbst,
vertrau, auf Deine Kraft, fühl', wie Du fliegst,
Du wirst sehn, dass neue Fahnen weh'n,
Du aus der Tiefe kommst, Du wirst wie neu.

Was wird sein, komm sag doch, was wird sein,
wenn alles falsch, an das Du je geglaubt.
Was wird sein, wenn Zweifel Dich berühr'n,
droh'n Dich zu zerstör'n, was wird Dir geraubt?

Dann besinn' Dich , einmal auf Dich selbst,
vertrau', auf Deine Kraft, fühl wie Du fliegst,
Du wirst sehn, dass neue Fahnen weh'n,
Du aus der Tiefe kommst, Du wirst wie neu.

Ohne Dich

Ohne Dich wär' ich unglaublich arm,
jede Sekunde mit Dir ist ein Geschenk,
Du umfließt mich wie ein wärmender Strom
und zeigst mir aus dem trostlosen Dickicht
neue Wege auf.

Ohne Dich hätte ich vieles nicht erfahren,
Dich kann jeder, der es erträgt, haben.
Man muss Dich aufnehmen wie ein kostbares Geschenk,
man sollte Dich hüten immerfort,
Du kannst zaubern.

Ohne Dich hätte ich Situationen erfinden müssen,
auch Vergangenheit kann mit Dir verknüpft werden,
Dein Gefühl flammt auf, lässt Wiederholungen zu,
ich hab es in der Hand, Dich zu spüren,
ich brauche Dich wie Luft.

Ohne Dich wäre meine Welt ganz steril,
mancher Augenblick bliebe von Wolken verdeckt,
Dein Klang fasziniert mich immer wieder,
ich spüre Dich mit Gänsehaut, dieses Kribbeln,

was wäre ich ohne Musik?

Mei Dehemm

Dehemm is,
wo ich lache kann,
wo ich e echt Geheischnis hann.

Dehemm is,
wo mei Herz kann fliehe,
wo ma sich net brauch' zu verbiehe.

Dehemm is,
wo ich Wärm' empfinne,
un mich an liewe Leit entsinne.

Dehemm is,
wo ich gehre bin,
wo jed' Sekunn is e Gewinn.

Dehemm is,
wo ma unverstellt,
sich zu de Freinde gehr' gesellt.

Dehemm is,
wo es Herz noch lacht,
wo ma ganz frei sei Wippcher macht.

Dehemm is,
Heimat, die mich traaht,
die meh Gefiehl is, als ma saat.

(Dieses Lied wurde 2008 von der Gruppe Rastlos vertont.)

Die Rasur

„De Meier Schorsch" war ein lebenslustiger Zeitgenosse. Aus diesem Grund ließ er in seiner Jugend, wie man sagt „nichts anbrennen". Seine Frau Gretel war daher immer besorgt um ihn und führte ein strenges Regiment. Kein Wunder, wusste sie doch, dass ihr Schorsch gerne einen über den Durst trank und dann ungern wieder nach Hause kam. Aus diesem Grund war sie auch die Herrin des Geldes. Dies wiederum bekam ihr Ehemann am knapp bemessenen Taschengeld zu spüren. Jede Ausgabe musste er rechtfertigen, nur so war sein holdes Eheweib beruhigt.

Einen Luxus gönnte sich Schorsch allerdings. Mit Erlaubnis seiner Gretel durfte er einmal wöchentlich zum Friseur auf die andere Straßenseite zum Rasieren. Das genoss er sehr. Das war seine Art einmal wieder Freiheit zu genießen.

Wie das Leben so spielt, hatte er eines Tages besonderes Glück.
Denn es gab seit einigen Wochen den Friseurlehrling Kurt, der darauf brannte, seine Künste am lebenden Objekt auszuprobieren. Auch das Rasieren eignete sich der Lehrling an. Sein Meister hatte ihm für die ersten Übungen leere Bierflaschen mit Rasierschaum zur Verfügung gestellt. An ihnen übte er mit dem Messer zu hantieren. Wie gesagt, Übung macht den Meister.
Eine Rasur vom Profi kostete damals 25 Pfennig.

Nebenbei sei noch erwähnt, dass man vom Friseurladen aus in eine Kneipe gelangte. Viele Kunden überbrückten so genüsslich die Wartezeiten. Eines Tages kam Schorsch zum Rasieren. Der Meister fragte ihn, ob er nicht Lust hätte, sich vom Lehrling Kurt richten zu lassen.

„Das koschd dann aach nix", versicherte ihm der Meister. Schorsch Meier fackelte nicht lange, schließlich konnte er jetzt seine 25 Pfennig neu ausgeben. Lehrling Kurt gab sein Bestes. Doch Schorsch war halt sein erstes lebendes Model. Und dieses Model bekam es zu spüren. Mehrmals setzte Kurt das Messer falsch an, einmal erschrak er ein wenig, was als Konsequenz den Rasierschaum rot werden ließ. Nach 20 Minuten war der Spuk vorbei und Schorsch um ein paar Schnittverletzungen reicher. Dennoch bedanke sich Schorsch artig und schenkte Kurt zur Belohnung fünf Pfennig.

Die anderen 20 Pfennig trug er in die Kneipe. Es reichte für ein Bier und einen Schnaps. Beschwingt ging er zu seiner Gretel, die natürlich nichts erzählt bekam. Als Gretel das Rasierwerk sah, schimpfte sie. „Da gehst Du mir nicht mehr hin!". Doch Schorsch besänftigte seine Liebste: „Weißt Du, der Meister wird auch älter und zittriger. Ich gehe schon so lange hin, da will ich ihn jetzt nicht im Stich lassen." Ein ganzes Jahr durfte Kurt an ihm üben. Die Schnitte wurden immer weniger, mit der Zeit kam Schorsch sogar schneller zum Bier.

Diese Geschichte hatte für alle Beteiligten etwas Gutes.

Die Schnapsbrenner

Traditionen sind etwas Schönes. Als junger Mensch kann man dies nicht immer so ganz verstehen, doch manche Erkenntnis kommt mit den Jahren. Das musste auch ich einsehen, denn nur so kann ich meine Leidenschaft fürs Schnapsbrennen erklären.

Bevor der Leser jetzt erschrickt: Nein, natürlich brenne ich keinen Schnaps im heimischen Keller, sondern ich bereite das Obst vor, bis es der professionelle Schnapsbrenner vor Ort zu einem guten Tropfen veredeln kann.

Doch wie kam es überhaupt dazu?

Mein Onkel war ein leidenschaftlicher Schnapsbrenner. Er selbst trank ab und zu mal einen Schnaps zur Verdauung und meine Tante kurierte mit dem Vorlauf (hochprozentiger Schnaps, der nicht genießbar ist) alle möglichen Wehwehchen. Gerne erinnere ich mich an eine winterliche Autofahrt mit meinem Onkel. Der Schneematsch hatte die Frontscheibe undurchsichtig gemacht und mein Onkel entschloss sich, jetzt doch einmal die Scheibenwaschanlage zu betätigen. Statt des herkömmlichen Reinigungsmittels versprühte er im Winter immer Vorlauf, was dazu führte, dass es im Auto nach hochprozentigem Obstler roch.

Gar nicht auszudenken, wenn wir in eine Polizeikontrolle geraten wären. Ich glaube, alleine vom Einatmen hätten wir genug Alkohol intus gehabt.

Auf jeden Fall vererbte sich die Schnapsbrennleidenschaft des Onkels auf meinen Vater, der irgendwann auch anfing, auf dem Boden zu kriechen, appetitliches Obst in große Plastikfässer zu versenken und es mit einem teuflischen Grinsen mit Hefe und auch etwas "Sonne" (Insider wissen, was ich meine - Sonne ist sehr süß...) zu verfeinern.

Zuvor musste das Obst klein gehäckselt werden. Auch hier bewies mein Vater immense Geduld, er nahm sich des Obstes persönlich an und zerquetschte es mit seinen Händen, eine mühevolle, aber effiziente Arbeit. Danach musste die Masse, die jetzt Maische hieß, gehegt und gepflegt werden. Sie durfte nicht zu kalt stehen und musste auch zigmal gerührt werden. In der Maischezeit war mein Vater sehr geschäftig und ständig im Keller auf Kontrollgang. Auch ich wurde miteinbezogen. Mein Vater kontrollierte den Werdegang des Gärens auch mit seiner Nase. "Riech' mal, wie toll sie schon riecht!" - Ich nickte und konnte es nicht verstehen, was Erwachsene an einer der Gülle sehr ähnelnden Masse abgewinnen konnten. Wenn dann der ersehnte Brenntermin ins Haus stand, wurde es feierlich.

Schon vorher wurden säuberlich Flaschen gesammelt, schließlich brauchte der Schnaps angemessenen Platz. Es wurde geschrubbt, es wurden Etiketten gemalt - die ganze Familie war eingebunden.

Meistens ging es zum Brenntermin mit Freunden. Irgendetwas geschah in diesem Brennraum.

Morgens noch war Papa wie immer und wenn er nach Stunden wieder nach Hause kam, sprach er kaum noch, grinste vergnügt, war müde und roch, als wäre er selbst gemaischt worden. Komische Hobbys haben die Erwachsenen, dachte ich mir!

Und heute, Jahre später, maische ich ebenfalls mit. Ausgestattet mit Utensilien meiner Vorfahren, krieche ich unter Bäume, knausere mit jedem Apfel, jeder Birne, die meine Frau zu Marmelade oder Kuchen verarbeiten möchte und sehe erwartungsvoll der Schnapsernte entgegen. Soviel Schnaps, wie ich brenne, kann ich gar nicht trinken oder anders gesagt: Dann würde meine Leber keine zwei Schnapsjahre mehr mitmachen. Auch meine Maische wird gehegt und gepflegt, auch ich stecke meine Schnapsnase in diese großen Fässer und berausche mich an diesem Aroma. Und den Brenntag ersehne ich fast wie einen Geburtstag. An diesem Tag muss alles stimmen. Der Wagen ist fertig gepackt, die Fässer wurden rechtzeitig geladen, die Korbflaschen für das Elixier sind kippsicher verstaut und auch der saarländische Imbiss, Lyoner und Weck, liegt im Fußraum.

Einen solchen Tag übersteht man nicht allein und so begleiten mich an diesem Tag sehr gute Freunde.

Das Auto wird natürlich, nur morgens für die Anlieferung von mir bewegt, ansonsten fahre ich nicht mehr. Beim Eintreffen in der Brennerei werde ich liebevoll vom Chefbrenner und seiner Frau begrüßt.

In der Brennerei sitzen auf der gemütlichen Bank meist noch zwei, drei Brennfreunde, die schon einige Zeit über die Schnapsqualität philosophieren. Um diesen Gesprächen folgen zu können, gibt's vom Chefbrenner zwei Runden Schnaps zum Aperitif.

Danach kann man sich auf jedes Gespräch einpendeln. Es ist herrlich.

Die Zeit verfliegt im Nu. Natürlich muss der Schnaps des Vorgängers, der sehr stolz auf sein Erzeugnis ist, auch probiert werden.
Um die Qualität schätzen zu können, sind zwei Testvorgänge notwendig - "alle Achtung Herr Kollege, ein Jahrhunderttröpfchen". Als meine Maische drankommt, komme ich ins Rotieren.
Einerseits will ich nichts verpassen, was in diesem wundersamen Kupferkessel vor sich geht, andererseits ist eine Schnapsverkostung auch etwas Lebenswichtiges.
Nach einer gewissen Zeit ist auch mein Schnaps fertig. Natürlich auch ein Jahrhunderttröpfchen, was meine Schnapsnachfolger gerne bestätigen.
Ich bin so glücklich, dass sich die Arbeit gelohnt hat und die Früchte so veredelt sind.
Meine Frau kann sich kurze Zeit später nicht so sehr für die Schwärmereien begeistern, sie meint, ich stänke wie ein ganzes Schnapsfass.
Beseelt und mit einem letzten Schluck Schnaps auf den Lippen, versinke ich auf der Couch in süße Schnapsträume. Das Schnapsbrennen - eine Tradition, die ich nicht missen möchte.

Neue Zeiten

Die Zeit rast. Das ist keine Feststellung, die unbedingt für
große Verblüffung sorgt. Doch die Errungenschaften der
neuen Zeit verblüffen immer wieder. Hand aufs Herz
hätte jemand 1995 gedacht, dass man fotografieren
ohne Ende kann, ohne einen Film zu benutzen? Hätten
wir damals gedacht, dass irgendwann das Telefon fast
nichts mehr kostet und jeder mit einem Handy bewaffnet
durch die Gegend tourt? Hätte man gedacht, dass es
Leute gibt, die scheinbar blind komische Texte, die sich
SMS nennen, nonstop in so ein Teil hauen, das kleiner als
ein Taschenrechner ist? Hätten wir gedacht, dass wir alle,
wenn wir es wollen, ein Bildtelefon haben, das sich
Webcam nennt? So könnte ich weiterschreiben. Wir
brauchen keinen Walkman mit Kassetten oder CD's mehr,
wir können uns Musik rund um die Uhr aus dem Internet
ordern und, und, und...

Auch brauchen wir kaum noch aus dem Haus. Alles,
wirklich alles, kann von Zuhause aus bestellt werden.
Persönliche Kontakte, von Angesicht zu Angesicht,
bräuchte man auch nicht mehr, schließlich gibt es viele
Treffs im Netz. Dort erfahren wir, wie es alten, längst
vergessenen Schulfreunden geht, wer sich wo tätowieren
ließ, wer wie viel Partner hatte, wer welche Vorlieben hat
und diese in irgendwelchen Gruppen auslebt. Ja, die
Welt ist bunt geworden. Geburtstagskarten werden kaum
noch geschrieben, schnell sind ein paar Worte (oftmals
standardisiert) in den elektronischen Brief kopiert.

Mittlerweile können wir auch unseren Tagesablauf sekundengenau im Netz wiedergeben. Wann wir ins Bett gehen, auf die Toilette, wann wir trinken, essen oder auch kuscheln. Die Internetgemeinde fiebert mit und bekommt, wenn die Stunde günstig ist, auch noch die passenden Bilder präsentiert. Auch große Poesie können wir täglich neu erleben. Würden Goethe, Schiller und Co noch leben, sie würden sich wohl auch im Netz tummeln! Oder sie würden arbeitslos werden, denn Hobbypoeten gibt es heutzutage mehr als genug. Kostprobe gefällig?
Mister X schreibt: Ein Tag und neue Probleme! Sandra Y meint dazu: Kein Wunder, dass ich mich nicht nach ihm sehne! Worauf Birgit B meint: Himmel, Donner, hab ich Migräne!
Worauf Elke E das Thema wechselt: In deiner Brust sind deines Schicksals Sterne! Karl T ist das wohl zu schwer, er antwortet: Hääh, welch ein Scheiß, wer sieht die Sterne? Worauf Elke E frohlockt: In der Brust sind die Sterne deines Schicksals, dein Herz! Karl T ist in Fahrt und meint: Von Ferne seh' ich Sterne, die hab' ich gerne. Gehen wir einen Trinken, dann sehen wir später die Sterne gemeinsam!

An dieser Stelle unterbreche ich die lyrischen Einträge. Die Zeit rast und bringt uns auch angesichts der dargestellten Kreativität zum Rasen. Wie stellte schon Wilhelm Busch fest: "Eins, zwei, drei im Sauseschritt - läuft die Zeit, wir laufen mit!"

Gedanken im November

Leergefegt sind alle Straßen,
Grau in Grau bleibt alles steh'n,
auf den Plätzen, in den Gassen,
ist kein Mensch jetzt mehr zu seh'n.

In den Fenstern tanzen Lichter,
fröstelnd treibt der Wind umher,
man sieht vergrämte Bleichgesichter,
grauer Herbsttag, Du bist schwer!

Blätter sind längst Matschgebilde,
das Farbenmeer versenkt, vorbei,
Herbst, was führst Du nur im Schilde,
warum fühl' ich mich nicht frei?

Kauernd liege ich im Zimmer,
ganz vergraben mein Gesicht,
von Optimismus kaum 'nen Schimmer,
Gevatter Herbst, Du schaffst mich nicht.

November, Du willst mich erdrücken,
mit Deiner Ohnmacht, Deiner Kraft,
ich spüre es, es wird nicht glücken,
ich hab' schon anderes geschafft.

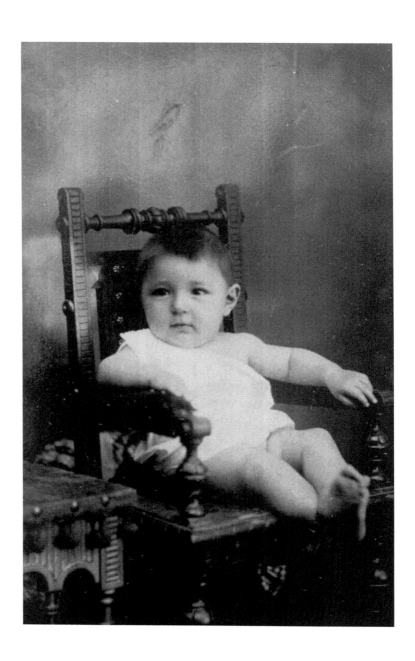

Der kleine Erich

Ein Bild fällt mir in die Hände. Ein kleiner, goldiger Junge, der auf dem Foto gerade ein Jahr alt ist. Die Geschichte ist wahr, leider! Es ist die Geschichte von Erich. Er wurde 1906 geboren. 20 Stunden lag seine Mutter in den Wehen. Der Vater wartete vor der Tür auf das Schreien des Babys. Die Hebamme war außer sich. Das kleine Köpfchen war zum Greifen nah und doch ging es nicht voran. Irgendwann gab die Hebamme auf und der Arzt wurde gerufen. Eine halbe Ewigkeit später gebar die stolze Mutter den Sohn, der auf den Namen Erich getauft wurde. Bei der Geburt war der Säugling ganz blau und wurde sofort in Decken gewickelt. "Das hilft", hatte die Hebamme versprochen. Der Arzt, so hatte es der Vater später oft erzählt, hätte in diesem Moment geschwiegen.

So waren die ersten Lebensstunden von Erich voller Sorgen. Ein paar Tage später starb die Mutter an den Folgen der Geburt. Erich war Halbwaise, der Vater musste allein mit dem Kind zurechtkommen, keine leichte Aufgabe in diesen armen Zeiten. Glücklicherweise lebte der Vater mit weiteren Familienangehörigen nahe zusammen, und wenn er das Feld bestellte, kümmerten sich die Verwandten rührend um Erich, der von Monat zu Monat wuchs und zu einem stattlichen Jungen wurde. Auffallend war nur, dass Erich meistens nicht auf seine Umwelt reagierte. "Der Erich ist halt ein Spätzünder", tröstete sich der Vater, aber insgeheim ahnte er, dass sein Sohn anders als andere Kinder war.

Nach ein paar Jahren lernte der Vater eine neue Frau kennen, die er heiratete und mit der er drei weitere Kinder hatte. Die Frau kümmerte sich rührend um Erich, doch Jahr für Jahr wurde die Betreuung schwieriger. Drei Kinder mussten versorgt werden, es gab die Arbeit auf dem Feld und dann der kleine Erich, der niemand an sich heran ließ. Wenn er seine Geschwister sah, strahlte er, reden konnte er nicht. Als er sechs Jahre alt war, kam Erich in die Dorfschule. Doch schon nach einer Woche wurde er wieder nach Hause geschickt. "Der Junge bekommt nichts mit, außerdem hält er keine Sekunde still. Er stört den Unterricht. Kümmern sie sich zu Hause um ihn", sagte der Schulmeister der Stiefmutter. So lebte Erich Jahr für Jahr zu Hause und begleitete den Vater aufs Feld. Dort saß er meistens stillvergnügt auf dem Heuwagen und beobachtete seinen Vater.

Als er 14 Jahre alt war, veränderte sich Erich. Er war ruhelos, nachts wurde er unruhig. Tagsüber lief er den Pferdefuhrwerken hinterher und als die ersten Autos im Dorf ankamen, sprang er einfach davor. So ging es nicht weiter. Man konnte den Jungen doch nicht einsperren. Der Pfarrer wurde um Rat gefragt. Er empfahl ein Heim für geistig behinderte Kinder. Das Heim lag rund 200 Kilometer von Zuhause entfernt; mit dem Zug war die Verbindung gut. Erich wurde dort untergebracht. So oft es ging, besuchte die Familie den Jungen. Er hatte eine neue Heimat gefunden und fühlte sich wohl. Bei den Besuchen streichelte er seine Geschwister, führte sie stolz durch den Schlafsaal und stellte sie den anderen Jugendlichen vor.

Beruhigt fuhr die Familie nach Hause. Die Jahre verstrichen. Einmal im Jahr musste der Vater zur Bank, um für Erichs Versorgung im Heim aufzukommen. In Deutschland herrschten unruhige Zeiten. Die Nazis waren an die Macht gekommen und waren allgegenwärtig. Auch in dem kleinen Dorf waren die Parolen überall zu lesen. Ein Nachbar nahm Erichs Vater einmal zu einer Informationsveranstaltung mit. Ein renommierter Arzt würde referieren, hieß es. Dieser Arzt sprach an diesem Abend von unwertem Leben und davon, dass kranke, geistesgestörte Kinder den gesunden Kindern die Zukunft nähmen. Den Vater packte das Grausen, bleich verließ er den Saal. "Die sollten mal meinen Erich sehen. Wie er sich des Lebens freut", dachte er.

Eine Woche später besuchte er seinen Sohn, der mittlerweile ein Mann geworden war. Erich freute sich immer und begrüßte ihn mit einem lauten "Pa, -- Papapa". Es war ein schöner Tag. Vater und Sohn gingen spazieren und Erich lächelte vor sich hin. Auf der Heimfahrt überkam den Vater ein komisches Gefühl, doch für große Gefühle fehlte damals der Raum.

Zwei Wochen später traf ein Brief ein: Die Anstaltsleitung sei angehalten worden, die Patienten in eine größere Einrichtung nach Hadamar zu bringen. Der Vater versuchte Kontakt zur neuen Anstalt aufzunehmen, doch es gelang ihm nicht. Er wurde unruhig. Er hatte von Erich mittlerweile zwei Monate nichts mehr gehört.

Am Mittag ging er zur Bank, um den ausstehenden Betrag für Erichs Versorgung zu überweisen, doch der Bankangestellte schüttelte den Kopf:

"Gestern kam eine Mitteilung, dass sie nichts mehr zu überweisen brauchen. Ich weiß auch nicht warum. Die Meldung kam vom Standesamt." Der Vater war ratlos und suchte sofort das Amt auf. Dort wurde ihm lapidar erklärt: "Aus Hadamar kam der Totenschein. Ihr Sohn ist an einer Lungenentzündung gestorben, es tut uns leid!" Erich wurde nur 35 Jahre alt.
Unmittelbar nach dem Krieg erfuhr die Familie die schreckliche Wahrheit.

Auf dem Mönchberg in Hadamar/Hessen wurden zwischen Januar 1941 und März 1945 im Rahmen der sogenannten Euthanasie 14.500 Menschen mit Behinderungen und psychischen Erkrankungen in einer Gaskammer, durch tödliche Injektionen und Medikationen sowie durch vorsätzliches Verhungernlassen ermordet.

Erich war einer von ihnen.

Stummer Dialog

Und immer wieder komme ich hierher
verloren in Gedanken
stumm und starr
eine klirrende Kälte packt mich.

Ich sehe Deinen Stein, Deinen Namen,
schon so lange
abstrakt und unwirklich
ewige Ruhe soll man hier finden.

Siehst Du mich auch, meinen Blick
der sich im Grün verliert,
Gedanken fließen,
ich bin gerne hier.

Was würdest Du sagen,
denke ich mir,
klar und präzise
wäre Dein Rat, den ich vermisse.

Und doch spüre ich ein gutes Gefühl,
immer wieder,
Zeit heilt,
Du bist und bleibst mir nah.

Friedhofsbummel

Ich mag Friedhöfe. Wenn ich in eine fremde Stadt komme, spaziere ich gerne auf den Friedhöfen umher. Friedhöfe verraten eine Menge über Menschen. Natürlich auch über die Verstorbenen, aber in erster Linie über die Hinterbliebenen. Ein gepflegtes Grab sagt nicht immer unbedingt etwas über die Wertschätzung eines Menschen aus, doch lässt sie womöglich Schlüsse zu. Gibt es noch Hinterbliebene? Hat das Geld für einen Grabstein gereicht? Wachsen pflegeleichte Büsche oder Zypressen auf dem Grab oder macht sich jemand die Mühe, Tag für Tag Blumen zu gießen und Sträuße niederzulegen? Die frischen Gräber erzählen viel. Sie erzählen von kaum zu ertragendem Abschiedsschmerz, von langen Besuchen, von Familientreffen an der Ruhestätte, von einem nicht zu akzeptierenden Frieden, der dennoch Einzug hält.

Wenn ich einige Jahre später wieder an den Reihen vorbeispaziere, hat sich das Bild gewandelt. Der Alltag kehrt überall ein. Auch in der Trauer. Nein, das ist nicht bitter, das ist Realität, weil wir Menschen sind, wie wir sind. "Die Zeit heilt alle Wunden" heißt es doch immer wieder. Alle sicherlich nicht, aber die Wunden vernarben und erinnern an das Vergangene. Manche Gräber sind jetzt kaum noch zu erkennen. Die Holzkreuze haben nur eine begrenzte Lebensdauer. Wenn keiner da ist, der nach dem Rechten sieht, der keinen Stein aufstellt, dann kehrt die Anonymität ein. Wollte das der Verblichene, war es ihm egal, rechnete er damit?

Ein Grab sehe ich in Gedanken, das die ersten Monate geradezu überschwemmt wurde von künstlichen Blumen. Dann, ganz plötzlich kam keiner mehr.
Das Holzkreuz verfiel, Unkraut umwucherte die künstliche Schönheit, bis jeglicher Glanz erlosch. Heute ist von dieser Grabstelle nichts mehr zu erkennen.

Als Kind verstand ich nicht, warum Menschen gerne Friedhöfe besuchen. Heute kann ich es schon eher nachvollziehen. Je nach Lebensalter liest man mehr oder weniger bekannte Namen. Lese ich einige, kommen mir Bilder in den Sinn. Klare, aber auch verschwommene. Menschen, die mir auf einmal wieder präsent sind, selbst wenn ich sie nicht gut kannte. Anonym sind sie dadurch nicht geworden. Auch an der Einsegnungshalle, die jeder nur Leichenhalle nennt, gehe ich vorbei.
Wenn sie menschenleer ist, mag ich das Gebäude. Dann geht eine unglaubliche Ruhe von ihm aus. Und doch habe ich dieses Gebäude schon ganz anders empfunden.

Ich sah betroffene Menschen darin sitzen, ich selbst kauerte auf den kalten Bänken, harrte bei Regen, Wind und einer Eiseskälte davor aus und lauschte den Worten des Pfarrers, die krakeelig aus den Lautsprechern kamen. Jetzt gehe ich an einem Park vorbei.

Ich nehme auf der Bank Platz. Ich kann mich noch gut erinnern. Als Kind waren hier noch überall Gräber, die nach und nach eingeebnet wurden. Es erinnert nichts mehr an sie.

Höchstens die Wege, die man bei genauem Hinsehen noch erkennen kann, deren Konturen sich durch das dichte Grün drücken. Irgendwann werden diese Felder wieder belegt.

Ich möchte nicht darüber nachdenken, wann dies sein wird und welche Jahrgänge Platz finden werden. Obwohl ich in der Sonne sitze, überläuft es mich.

Der Friedhof ist ein Ort, über den man reden sollte.

Der Mann ohne Worte

Er hat nie gesprochen. Vielleicht war es seine Art mit den Dingen umzugehen. Ich weiß es nicht. Sein Werdegang war typisch für die Generation. Die Kindheit wurde unterbrochen durch den furchtbaren Krieg, in dem er in den letzten Monaten noch seinen Dienst verrichten musste. Dort muss er wohl viel Schlimmes erlebt haben, auch die Gefangenschaft zehrte an ihm. Was genau geschah, wusste keiner. Noch nicht einmal seine Frau, die er schon vor dem Krieg kennen gelernt hatte und die all die ungewisse Zeit auf ihn wartete. Sprach man ihn auf den Krieg an, winkte er ab.

Überhaupt war er jemand, der keine Gespräche oder Geselligkeit suchte. Nie sah man ihn in der Kneipe, wenn sie tanzen wollte, blieb er zu Hause. Später, als dann die Kinder da waren, war er damit beschäftigt die Familie zu versorgen. Er half Handwerkern im Ort aus, die ihn am Ende eines langen Tages mit ein paar Mark entlohnten. An die Rentenversicherung dachte er damals nicht. Nach Jahren fand er eine Anstellung in einer Fabrik. Auch hier war er ein Einzelgänger, auch hier war er nicht der Typ, der in der Mittagspause mit einer Flasche Bier in der Hand das Gespräch suchte und über seinen Chef redete.

Mehr als ein „Ja" oder „Nein", oder eine Handbewegung war ihm nicht rauszulocken. Die Zeit verging, die Kinder liebten ihren Vater, auch wenn dieser nicht viel mit ihnen unternahm. Sie hatten immer das Gefühl, er würde alles für sie tun. Er tat viel:

Das alte Bauernhaus wurde jahrelang umgebaut, wenn das Geld der Fabrik nicht reichte, trug er Zeitungen aus. Gespräche mit seiner Frau fanden auch selten statt. Wenn, dann sprach sie und er nickte, winkte ab oder machte eine bedeutungsvolle Geste mit der Hand.

Das war's. Jahrzehnte waren vergangen die beiden Eheleute waren alt geworden. Er konnte kaum noch gehen und als ein Hirnschlag dazukam, war er ans Bett gefesselt.
Auch diesen Schicksalsschlag ertrug er ohne Worte. Fast vier Jahre pflegte ihn seine Frau, seine Kinder entlasteten die Mutter. Auch die Enkel schauten vorbei. Er teilte sich nicht mehr mit. Die Pflege ließ er geschehen, oft döste er den ganzen Tag. An seinem letzten Tag nahm er die Hand seiner Frau ganz fest, sah sie mit großen Augen an und sprach die Worte: Danke für alles!

Wenig später starb er.

Eine alltägliche Geschichte denken sie jetzt. Das ist richtig. Leider können wir uns kaum noch vorstellen, dass im Leben wenig Worte gemacht werden.

Die Medien gaukeln uns vor, dass man um wahrge-nommen zu werden, aus einer Mücke einen Elefanten machen müsste.

Wir werden berieselt, um bloß nicht zur Ruhe zu kommen; denn nur in der Stille kommen wichtige Gedanken zum Zuge.

Einfach etwas zu tun, ohne großes Gerede ist kaum denkbar. Natürlich, ohne eine verbale Kommunikation ist unser heutiges Leben unvorstellbar; aber wie oft sagen wir Sachen, die uns wenig später aufstoßen.

Sachen, bei denen wir denken   „Mensch, das hätte ich mir schenken können!".

Dinge, die einfach rausgeplappert werden, ohne zu verstehen, dass man Jemandem weh getan hat.

Das, was wir unseren Kindern beibringen wollen, nachzudenken, bevor wir sprechen, lassen wir für uns oft nicht mehr gelten.

Er machte nicht viele Worte. Dieser Ausspruch hat etwas Ausdrucksstarkes, etwas Verbindliches.

Wir sollten manchmal daran denken, bevor wir loslegen.

Alter Mann

Alter Mann,
gern hab' ich Dich besucht,
habe Dir zugehört,
habe geschwiegen,
Du gabst den Ton an.

Alter Mann, oftmals gepoltert,
Deine Worte manchmal hart,
auch ungerecht,
so sollte es sein.

Alter Mann, welterfahren,
Du erklärst mir,
die Welt so,
wie Du sie haben wolltest.

Alter Mann, Zenit überschritten,
Du weißt es auch,
große Gesten,
die Dich kaum tragen können.

Alter Mann, Zeit vergeht,
warten auf Neues,
Schwäche zulassen,
Mann, warst Du stark.

Tod eines Narren

Ich schreite zum Friedhof. Es ist kurz vor 10 Uhr morgens, eine ungewöhnliche Zeit für eine Beerdigung. Der Wind treibt den Regen in meinen Hemdkragen, den Schirm habe ich im Auto gelassen. Heute wird ein prominenter Karnevalist, ein Narr im besten Sinne, zu Grabe getragen. Ein Mann, der Jahrzehnte mit seinen Geistesblitzen und verbalen Rundumschlägen kritisierte und amüsierte. Sein Weg ist zu Ende.

Viele sind gekommen, um ihm die letzte Ehre zu erweisen. Ich sehe in die Runde. Viele Narren sind da, die Kostüme verstaut im heimischen Schrank. Die schwarzen und grauen Mäntel wirken wie Uniformen. Ins Kondolenzbuch trage ich mich ein. Fast verschreibe ich mich, als ich seinen Namen über der Liste lese. Er schrieb so viel für uns. Jetzt schreibe ich für ihn nur meinen Namen. Die kleine Orgel erklingt. Ich starre auf das elektrische Gerät, auch in kleineren Sälen werden solche Instrumente genutzt, Narrenlieder werden mit ihm begleitet, ein Muss auch für eine Kappensitzung. Der Pfarrer redet impulsiv, geistreich, jongliert mit Worten, fast so, wie er es getan hat. Es schaudert mich - hören wir ihm zu?

Nach einer Weile setzt sich der Trauerzug in Bewegung, legt etliche Meter zum Grab zurück. Ich sehe viele Bekannte. Manche haben das Trauergesicht vergessen und reden mit ihrem Nebenmann. Fast so, als wäre der Anlass ein anderer.
Das Vater unser vertreibt dieses Gemurmel.

Alle sind wieder betroffen, hören seinen Namen. Der Wind peitscht, der Pfarrer schreit die Worte heraus. Auch seine Stimme war früher laut, fällt mir ein.

Er konnte ganze Säle füllen, ohne durchs Mikrofon zu sprechen.
Beim Amen spüre ich ein Zupfen an meinem Arm.
Zögernd gehe ich einige Meter zurück.

"In zwei Wochen beginnen die Kappensitzungen, wie lautet euer Motto?", höre ich eine Stimme sagen. Ich will antworten, merke aber in diesem Moment, dass es nicht der richtige Ort zu sein scheint, um die neuesten Karnevalsthemen zu besprechen. Ich gestikuliere, er schreibt mir seine E-Mail-Adresse auf, klopft mir mit einem Grinsen auf die Schulter. Als ich mich wieder sammele, verabschieden sich schon einige am Grab. Noch einmal sehe ich hin, dann verlasse ich den Friedhof. Auf dem Weg zum Auto folgen noch etliche Gespräche, die die Fastnacht betreffen.

Das hätte ihm gefallen, er war irgendwie mittendrin, er hätte auch mitgeredet. Ein Lächeln kommt mir über die Lippen.

Im Auto sitzend, drehe ich den Zündschlüssel um. Die Uhr blitzt auf:

Gerade ist es 11 Uhr 11.

Leergefegt

Leergefegt
die Bäume, die Straßen.

Leergefegt
die Tische im Biergarten erst verwaist, dann entfernt.

Leergefegt
das Lachen, die Betriebsamkeit, alles liegt stumm.

Leergefegt
Du sitzt daheim, die Hände im Schoß.

Leergefegt
das Dösen macht träge, die Gedanken stumpf.

Leergefegt
Deine scheinbare Kraft blind wie billiges Glas.

Leergefegt
wo ist das Märchen, das Lethargie wegküssen lässt?

Novembertag

Die Welt sie trägt ein Trauerkleid,
der Himmel wird zum Tränenmeer,
Melancholie ist nicht mehr weit,
die Stimmung drückt uns schwer.

Wo sonst noch Zuversicht und Mut,
wird plötzlich alles blass,
verzage nicht, Dir gehts doch gut,
und Regen macht bloß nass.

Es dunkelt schon am hellen Mittag,
das Licht geht nicht mehr aus,
in Ferne dröhnt ein Donnerschlag,
kein Mensch will jetzt noch raus.

Du denkst an liebe Menschen heut,
die ohne Wort gegangen,
Erinnern schmerzt, Totengeläut,
nur Trauern macht gefangen.

Verzagen wäre falsch gewesen,
denn alles wird stets neu,
auch die Natur wird schnell genesen,
bleibe Dir nur treu.

Glück ist immer unter uns

Glück ist immer unter uns! Ein Satz, in dem viel verborgen ist. Was ist für uns Glück? Ist es das ganz Große, oder eher das Kleine? Ist es das Fantastische oder das Alltägliche, ist es das Gestern oder das Heute? Ist es Nähe, ist es Ferne? Ist es menschlich, ist es materiell?

Viele Fragen, doch die Antwort darauf fällt leicht: Es ist alles zusammen!
Wer einmal ein kleines Kind beobachtet hat, wie es sich über eine Lächeln oder eine kleine Geste freut, der kann ermessen, was Glück ist. Leider geht uns Erwachsenen diese Erfahrung mit den Jahren fast verloren.

Glück wird dann häufig anders definiert. Glück ist etwas Besonderes, Glück kann nicht alltäglich sein! Glück ist eine Superlative. Unsere Umwelt gaukelt uns dies vor. Glück wird vermarktet, Glück wird ein übergroßer Stempel aufgedrückt, der uns zeigen soll:

Glück haben nur die Anderen, um Glück zu erfahren, bedarf es übermenschlicher Anstrengungen. Glück wird zum Trend stilisiert, Glück soll uns abstrakt präsentiert werden. Geiz ist geil und Glück ist hipp? Quatsch!
Dabei tragen wir alle soviel Glück mit uns herum.

Wir müssen es uns nur bewusst machen. Wir haben das Glück, unser Leben bestimmen zu können, Glück, jeden Tag zu erleben, Glück, einen Frühlingstag in uns aufzunehmen, Glück, liebe Menschen zu kennen,

Glück, Gefühle ausdrücken zu können, Glück, Freude zu spüren, Glück, wichtige Dinge von unwichtigen zu unterscheiden.

Glück ist immer unter uns. Augenblicke wahrnehmen, sie zulassen, um sie zu genießen. Glück macht uns reich.

Glück ist flüchtig, doch wir haben die Gabe, es immer wieder neu aufzunehmen, ihm eine Chance zu geben.

Betrinken wir uns am Glück und bleiben doch nüchtern.

Sollte uns dieses Gefühl abhanden kommen, beobachten wir unsere Kinder. Dort ist das wahre Glück zu finden.

Alles Ratsch und Tratsch

Novemberstimmung. Graue Tage. Alles liegt wie unter einer Staubschicht begraben. Alles wirkt uniform. Gut, wenn man in dieser Zeit etwas mit sich anzufangen weiß. Was tun? Einem Hobby frönen, sich unter Gleichgesinnte gesellen, fünf gerade sein lassen? Nein, heut' widme ich mich meiner Bildung! Ich habe mich dazu entschlossen, mir eines der Hochglanzmagazine zu gönnen. Das ist eine Ausnahme! Ich kann nicht verstehen, dass es Menschen gibt, die ihr Leben nur nach den Meldungen in diesen Heften abstimmen. Die alles glauben, nur weil in fetten Lettern "BILD" darüber geschrieben steht! Auf dem Weg zum Zeitschriftenladen trete ich in ein Schlagloch und falle zu Boden.

Aufrichten ist gar nicht mehr so einfach. Die freundliche Zeitschriftenfrau fährt mich zur Ambulanz. Jetzt habe ich den Salat! Jetzt ist Warten angesagt. Auf dem Tisch im Wartezimmer liegen viele Zeitschriften aufeinander-getürmt. Ein wahres Paradies für Freunde des Klatsches, für Freunde der Monarchie, kurzum für Menschen, die wirklich wichtige Meldungen nicht jucken. Mein Knöchel schmerzt. Jetzt kann ich ungestört mal reinschnuppern. Etwas verstohlen blättere ich in den Heften. Ich versuche ein cooles, gelangweiltes Gesicht zu machen. Schlagzeilen über Schlagzeilen! Mensch, was willst du mehr? Ich bin wie von Sinnen. Die Klatschsucht hat mich in ihren Klauen! Ah, Boris Becker hat seine Sandy jetzt doch nicht geheiratet, dabei war der Verlobungsring so schön prollig.

Jetzt turtelt er doch wieder mit seiner Ex herum und sicherlich findet unser Bobbele auch wieder eine Besenkammer, damit er wieder Papa werden kann. Was lese ich denn da, Prinz Charles ist 60 geworden, aber König wird er eh erst in 30 Jahren. Die Queen soll mit Jopi Heesters telefoniert haben, um sein Mumifizierungsgeheimnis zu erfahren. Bunte Welt, unterhaltsame Welt - und ich mittendrin!

Ein bisschen Spaß muss sein und, als hätte ich's geahnt, lese ich neueste Schlagzeilen über Roberto Blanco. Dieser Lustmolch hat sich außerehelich vergnügt, was der Blitz-Illu vier Doppelseiten wert ist. Und jetzt zog sich seine Tochter noch aus. Nicht schön, aber ich schaue dennoch hin, schließlich hat gucken noch nie geschadet. Wie ist die Welt so schön bunt! Ist Merkel geliftet, Schröder gefärbt, Müntefering gekalkt und Westerwelle geölt - hier finde ich die Antwort, die mich ruhig schlafen lässt.

Wenn ich ehrlich bin, interessiert mich das Leben außerhalb doch mehr, als ich zugeben will. Warum kommt der Nachbar so spät nach Hause? Der arbeitet doch im öffentlichen Dienst und dort herrschen schließlich geregelte Arbeitszeiten. Wie kann sich Frau Meier von ihrer Rente den schicken Benz leisten? Ob sie geerbt und nichts erzählt hat. Schon eine Schande. Da wohnt man so eng beieinander und erfährt nichts. "Leben und leben lassen" - so ist mein scheinbares Lebensmotto, aber dem raffgierigen Müller von der anderen Straßenseite gönne ich seine neue Lebensgefährtin nicht.

Die ist doch mindestens zwanzig Jahre jünger als der und ihr Busen ist 100 Prozent verstärkt.

Die will nur sein Geld, apropos frage ich mich, wie er sich sein Haus leisten kann. Ich glaube, er ist in dubiose Geschäfte verwickelt, der alte Raffzahn! Soll doch jeder so leben, wie er es für richtig hält, aber was einmal gesagt werden muss, muss einfach gesagt werden.

Wo kämen wir denn hin, wenn jeder das täte, wozu er Lust hat. Wo bleibt da die Moral!

In meinem Eifer vergesse ich meine Schmerzen im Fuß. Plötzlich wird mein Name gerufen.
Ich humpele in das weiße Zimmer, wo mich eine mir nicht unbekannte Frau begrüßt. Es ist die neue Freundin meines lieben Nachbarn Müller, den ich eigentlich schon immer gut leiden konnte.

Ach wir haben alle unsere Fehler und eigentlich passen die Beiden doch gut zueinander. Während sie mich verarztet, rege ich mich in Gedanken über den Tratsch auf, den Menschen untereinander so verbreiten.

Frühlingsgefühle

Endlich raus aus den vier Wänden,
soll das Wetter niemals enden,
wann wird die Natur erwachen,
und die Blütenzeit entfachen?

Jeder schläft im Schneckenhaus,
hält die Kälte nicht mehr aus,
bei jedem Kalenderblatt, das fällt,
erwacht ein Stückchen neue Welt.

Frischer Duft aus Wald und Wiesen,
lässt das Leben neu genießen,
neue Farben künden frei,
die dunkle Zeit, sie geht vorbei.

Frühling lässt uns Kräfte tanken,
statt zu zweifeln, statt zu wanken,
gibt uns Frühling neue Kraft,
den Winter haben wir geschafft.

Briefe von einst

Irgendwann holt einen die Vergangenheit wieder ein.
Dieser Satz ist oftmals mit großer Schwere verbunden,
dabei ist es sogar sehr unterhaltsam, mit Dingen
konfrontiert zu werden, die man eigentlich vergessen hat.
Mir ging es so, als ich auf dem Speicher eine alte Kiste
fand. Zwischen dem ganzen Staub, der sich angesammelt
hatte, fand ich ein Bündel Briefe.

Der Zeitraum, in dem die Briefe geschrieben wurden, lag
zwischen meinem 12. und 17. Lebensjahr; eine turbulente
Zeit für einen jungen Menschen. Heute werden nur noch
wenige Briefe geschrieben. Die Kommunikation ist
schneller geworden, man schreibt sich E-Mails, besucht
Foren im Internet oder simmst wie besessen mit seinem
Handy. Konserviert werden die Nachrichten in der Regel
nicht. Umso froher war ich, als ich den ersten Brief in der
Hand hielt. Ich fing an zu lesen und wurde an unendliche
Dramen erinnert. Die Diskussionen, um die richtige Zeit
zum Ausgehen und noch wichtiger die richtige Zeit zum
Heimkommen, die ersten Schwärmereien. „Willst Du mit
mir gehen?", war zu lesen und kindlich anzügliche
Bemerkungen wurden damals kommentiert mit Sätzen
„nicht, dass Du schief denkst!"

Ich schmunzele vor mich hin, als ich die Zeilen lese. Was
hatte ich damals Herzklopfen, wenn ein Brief ankam. Nur
aufpassen, dass die Eltern nichts mitbekommen und
seltsame Fragen stellen würden. Oberpeinlich wäre das
gewesen, denn damals war ich der Meinung, dass Eltern
sowieso von allem, was mit Herz und Schmerz zu tun hatte,
geheilt waren.

Alte Briefe sind schon etwas Besonderes.

Denn sie waren ganz und gar vergessen, auf einmal waren sie wieder präsent. Was ist aus den Briefeschreibern geworden. Mit manchen verbindet mich heute zumindest noch eine lockere Bekanntschaft, ein Gespräch, das etwa so beginnt: „Na, was machst du heute so."

Andere Briefeschreiber habe ich aus den Augen verloren. Sie sind längst umgezogen, ihre neue Adresse kenne ich nicht. Doch was wäre, wenn ich ihre Adresse kennen würde. Sollte ich einfach mal vorbei gehen und sagen: „Weißt du noch, welchen Brief du mir einst schriebst und was ich damals empfand?". Ich glaube, das sollte man lassen. Manche Dinge verklärt die Erinnerung, was oftmals schön sein kann. Wir alle haben uns im Laufe der Jahrzehnte verändert, wurden geprägt, haben unterschiedliche Pfade eingeschlagen. Was bleibt, ist das Stückchen Papier in der Hand, mit zarter Hand geschrieben und die Erinnerung an eine schöne Zeit.

Manchmal kommen mir alte Sprüche in den Sinn, die ich als Kind hasste: „Alles hat seine Zeit" war einer davon. Heute sehe ich das anders. Früher zog man mit bestimmten Kumpels um die Häuser, machte die Nacht zum Tag. Vor Jahren versuchte ich mit dieser Truppe die alte Zeit aufleben zu lassen. Es war ein frustrierender Abend. Vieles war verkrampft und unterm Strich wurden sowieso nur die Heldentaten von einst aufgewärmt. So ist der Lauf der Zeit, wobei ich jetzt schon wieder einen alten Spruch zitiert habe. Das Bündel mit Briefen weckte viele Erinnerungen.
Ich habe es gut weggepackt und freue mich schon darauf, es irgendwann wieder zu finden.

Wunder gibt es immer wieder

Karl war ein lebenslustiger Mensch. Er war mit seiner Elfriede glücklich verheiratet, die Kinder waren aus dem Haus und der Schäferhundemischling Schorschi machte ihnen viel Freude. Schorschi war ein richtiger Tausendsassa. Es gab keinen Tag, an dem der Vierbeiner nichts anstellte. So nahm er an einem sonnigen Tag ein ausgedehntes Bad im kleinen Fischteich, suhlte sich anschließend im angrenzenden Blumenbeet und sprang laut bellend seinem Frauchen, das sich auf der neuen weißen Ledercouch befand, entgegen.

Ja, es waren schon erlebnisreiche Tage mit Schorschi. Schorschi erfreute sich nicht unbedingt überall großer Beliebtheit. So gab es öfter Streit mit Nachbar Heinz, der auf Hunde nicht gut zu sprechen war. „Der Köter stinkt", rief er einmal Karl entgegen, worauf dieser antwortete: „Du stinkst mir schon lange!". So ungefähr fand der letzte freundschaftlich geprägte Dialog der Beiden statt.

Ab diesem Zeitpunkt wurden härtere Geschütze aufgefahren. Lebensbäume wurden entlang der Grundstücksgrenze gepflanzt, hübsche, graue Betonringe gesetzt, wie eine Festung sah der Garten aus. Auch Heinz und seine Frau Hilde hatten ein Haustier. Das Zwergkaninchen, das sie sinnigerweise auf den Namen „Hoppel" getauft hatten.
Hoppel war ihr Augapfel. Im Sommer residierte Hoppel in einem überdachten Käfig im Garten nahe des Lebensbaumzaunes.

Beide Familien freuten sich ihres Lebens und gingen ihrer Wege, bis eines Abends Karl leichenblass wurde. „Schorschi, Schorschi, wo bist du?" Nur widerwillig trottete ihm Schorschi entgegen.

Doch was hatte er in seinem Maul? Nein, es war kein Stofftier, es war tatsächlich die tierische Nachbarin Hoppel. Karl erstarrte. Sein Schorschi hatte dem kleinen Tier offensichtlich das Lebenslicht ausgelöscht. Panisch eilte Ehefrau Elfriede herbei. „Karl, wir verkaufen alles und schleichen uns davon. Wenn das Heinz und Hilde mitbekommen, ist der Teufel los. Dann geht es womöglich Schorschi an den Kragen. Was sollen wir nur tun?"

Karl hatte sich mittlerweile gefangen. Er setzte seine Denkerstirn auf und hatte eine Idee. „Es ist doch schon spät, unsere Nachbarn sind nicht da. Ich schleiche mich rüber und lege denen das tote Kaninchen in den Stall. Dann sieht das Ganze nach einem natürlichen Tod aus und Schorschi ist unschuldig." Gesagt, getan, Elfriede war mächtig stolz auf ihren genialen Karl.

Karl zwängte sich mit seinem Bauch an Pflanzsteinen und Lebensbäumen vorbei und schlich sich an den Stall heran. Dann legte er Hoppel hinein und verriegelte die Tür. Keiner hatte was gemerkt.
Am anderen Tag brach der Nachbar Heinz, wie vom Donner gerührt sein Schweigen.
„Karl, Karl, komm rüber, es ist was passiert, das glaubst Du nicht!" Karl wurde es heiß und kalt. Hatte Heinz etwas gemerkt?

Er hörte Heinz zu seiner Frau sagen: „Ich kann's mir einfach nicht erklären, nein, nein, das kann nicht sein." „Ist was passiert?", fragte Karl etwas kleinlaut. „Stell Dir vor Karl. Gestern Morgen starb unser geliebtes Kaninchen Hoppel.

Wir haben es im Garten vergraben.

Und heute Morgen war es auf einmal wieder in seinem Stall. Ich kann es nicht glauben."

„Ich auch nicht", murmelte Karl und sprach Heinz sein Beileid aus.

Bis heute ist diese Geschichte nicht endgültig aufgeklärt, doch man sieht Karl und Heinz öfter wieder mit einer Flasche Bier gemeinsam im Garten sitzen.

Das verkaufte Rückgrat

Er hat sein Rückgrat verkauft,
für ein paar Pirouetten,
war gelassen, hat verschnauft,
war er denn noch zu retten?

Er hat mit jedem gesprochen,
der Inhalt, er war ihm ganz egal,
was ist er in Ärsche gekrochen,
nichts war ihm zu glatt, zu pauschal.

Er sah sich gern selber im Spiegel,
er war jeden Tag so aalglatt,
er war nie ein Buch mit Siegel,
und hatte selten etwas satt.

Irgendwann kam ihm die Erkenntnis,
dass Ehrlichkeit schon etwas ist,
doch niemand hatte Verständnis,
bei ihm hat sie keiner vermisst.

In der Zeitung steht: Rückgrat gefunden,
wem's ist, das weiß keiner mehr,
doch er ist noch auf der Suche,
wie vermisst er es so sehr!

Einmal wieder Kind sein!

Ich sitze im Auto und muss zu einem Termin. Beim Einbiegen fallen mir drei Kinder auf, die sich unglaublich freuen. Ich bremse ab, um mir das Treiben anzusehen. Ich halte an und öffne das Fenster. Das Kinderlachen dringt zu mir herein - was gibt es Schöneres.

Ich schaue genau hin. Die Kinder spielen um einen dicken Baum herum und bewerfen sich gegenseitig mit Blättern. Der Oktober geizt nicht mit Sonnenstrahlen, das gleißende Licht lässt aus dem herabfallenden Laub Sterne werden. Jetzt türmen die Kinder die Blätter zu einem großen Berg. Sie nehmen Anlauf und springen lachend in das luftige Etwas. Jetzt blicken die Kinder zu mir herüber und winken mir zu. Ich winke, als sich im gleichen Moment mein Handy bemerkbar macht.

Mein Gesprächspartner ist dran, leicht genervt, weil ich mich schon über eine Viertelstunde verspätet habe. Es klingt komisch. Die lachenden, spielenden Kinder gehen mir nicht mehr aus dem Kopf.
Ich frage mich: Wann war ich das letzte Mal so kindlich vergnügt?

Schon schaltet sich der ernste Mann in mir ein und ermahnt mich: "Du bist kein Kind mehr, so etwas macht man in einem gewissen Alter nicht." "Ach ja", antworte ich mir selbst, "in meinem Alter schaut man sich Comedy-Sendungen an oder amüsiert sich bei Gottschalks Wetten dass!".

Auf einmal fällt mir vieles aus der Kindheit ein. Das erste Mal ein Feuerchen im Garten machen, bei dem ich natürlich prompt erwischt wurde. Oder unser Bad im Fluss im April.

Na ja, wir mussten immer auf die kleine Schwester meines Freundes aufpassen und da es im Alter von sieben Jahren schick war, kleine Mutproben zu machen, wollten wir mit den Füßen in den kleinen Fluss.

Leider hörte uns das kleine Schwesterchen zu. Und als wir nicht aufpassten, sprang es in das flache Gewässer. Es passierte nicht viel, außer das unser Schützling gründlich nass war. Um nicht aufzufallen, trockneten wir ihre Kleider an der frischen Luft, was im April ein ziemlich kühnes Unterfangen ist. Lange Rede, kurzer Sinn: Die Kleine lag fast eine Woche mit einer Grippe im Bett und wir hatten reichlich Erklärungsbedarf. Was man nicht alles als Kind erlebte.

Nach meinem Termin fahre ich einen Umweg, weil ich nachsehen möchte, ob die Kinder noch spielen. Der Spielplatz um den Baum ist verwaist. Ich steige aus und lasse mich in die Blätter fallen.

Einmal wieder Kind sein...!

Kinderabend

Dein Spielzeug liegt verstreut
das kleine Auto, die Rassel,
wie hast Du Dich gefreut,
vergessen all' Schlamassel.

Du robbst auf allen vieren,
ich schau Dir staunend zu,
tust alles ausprobieren,
Du brauchst ganz selten Ruh'.

Du siehst das Leben ganz spontan,
auch hinterfragst Du nicht,
wär' gern wie Du, mein kleiner Mann,
bei mir zählt oft die Pflicht.

Dein schöner Tag ist jetzt vorbei,
Dein Schlaf sekundenschnell.
ich stehe hier und fühl' mich frei,
Du machst mein Leben hell.

Rache ist süß

Der kleine Junge war mal wieder traurig. Er konnte sich gegenüber seinen Klassenkameraden nicht durchsetzen. Die waren mindestens zwei Köpfe größer als er und hatten Bärenmuskeln. Fast jeden Tag das gleiche Spiel. Nach der Schule liefen alle gemeinsam zum Bahnhof. Dort gab es auf dem Bahnsteig die üblichen Rangeleien, bis der ersehnte Zug einfuhr. Marius war meistens mittendrin und wurde geschupst. Er traute sich nie, sich zu wehren.

Marius war heute besonders traurig. Der Tag hatte so toll angefangen. Sein Klassenkamerad Torsten, mit dem er seit der Grundschule zusammen war, begleitete ihn zum Bahnhof. Gemeinsam ging es dann in den benachbarten Ort, wo sich das Gymnasium befand. Torsten und Marius, das war eine Einheit. Zumindest solange, wie die Beiden alleine waren. Sobald sich ein anderer dazu gesellte, war die Zweisamkeit zu Ende und Torsten machte bei den Hänseleien über Marius mit. Marius tat das sehr leid. Manchmal vergaß er den Spott und die Häme. Dann prallte alles ab von ihm.

Marius hatte seine Stärken, die insgeheim bewundert wurden.
Er war redegewandt, kreativ und hilfsbereit. Oftmals war er in den Pausen damit beschäftigt kleine Bildchen zu malen, die die Großen an ihre Angebeteten weiterreichten. Natürlich mit dem Hinweis, sie selbst seien die Künstler gewesen.

Torsten und Klaus machten es dem kleinen Marius wirklich nicht leicht an diesem Morgen. Sie hänselten ihn wegen seiner Aldi-Jeans und seiner neuen Turnschuhe aus der gleichen Discounter-Boutique.
Marius hatte sie gestern erst bekommen. Er hatte sich die Schuhe von seinem Taschengeld gekauft und war stolz, selbstständig, wie die Erwachsenen, Geld ausgeben zu können. Torsten und Klaus imponierte das wenig, ihnen ging es nur darum, Marius schlecht zu machen.

Torsten hatte an diesem Morgen ebenfalls etwas Neues an. Er trug eine Wollmütze, die kunstvoll bestickt war. Das war damals die absolute Mode. Auch Marius wünschte sich eine solche Mütze zu Weihnachten. Aber so war das immer bei Torsten. Er hatte alles immer einen Tick früher, als die anderen. "Er ist halt unser Nesthäkchen", hörte Marius manchmal Torstens Vater sagen. Schade, dass Marius mit dem Begriff Nesthäkchen nichts anfangen konnte.

Es gibt bessere Kosenamen für einen Zwölfjährigen!

In der Schule war Torsten mit seiner modernen Kappe der Hingucker schlechthin. Die Mädchen in der Klasse waren angetan. Auf dem Rückweg spielten Torsten, Klaus und weitere Klassenkameraden Marius ganz schön mit. Sie hielten ihn hinten am Ranzen fest und drehten ihn so lange, bis es Marius schwindelig wurde. Dann ließen sie ihn los und sahen zu, wie der Junge zu Boden fiel. Natürlich fiel er so unglücklich, dass seine Hose und seine neuen Schuhe Blessuren abbekamen.

Dann lachten sie ihn aus! Marius hätte laut losheulen
können, aber er war tapfer. Er hatte eine unbändige Wut
in sich. Er trottete hinter den anderen her und erreichte
beim Einfahren des Zuges den Bahnsteig.
Jetzt waren nur Torsten und er im Abteil. Nach einigen
Minuten ging Torsten auf ihn zu und fing ein belangloses
Gespräch an.

"Sollen wir heute Mittag nach den Hausaufgaben
miteinander zum Sportplatz?". Typisch Torsten, der dachte
wohl, er könne sich alles erlauben. Marius war zwar
körperlich kein Großer, doch auf den Kopf gefallen, war
er noch lange nicht.
Marius glühte innerlich immer noch, auch seinen
Wangen war dies anzusehen. Er sah Torsten an. Ganz
intensiv. Er betrachtete die neue Kappe und dann war der
Moment gekommen. Ehe Torsten reagieren konnte,
packte Marius das moderne Strickwerk und lief weg.

Torsten blieb wie angewurzelt stehen, damit hatte er nicht
gerechnet. Im gleichen Moment kam der Zug zu Hause
an. Doch Marius stieg nicht aus, er lief in die hinteren
Wagen. Torsten war wie benommen und trottete
hinterher. Ohne Mütze konnte er nicht nach Hause
kommen, da wäre etwas los gewesen.

Ehe er sich versah, hatte sich der Zug wieder in Bewegung
versetzt. Als Torsten sich umdrehte, kam ihm Marius
entgegen.
"Hier hast du deine Kappe wieder. Lass mich in Frieden,
du Schwarzfahrer", rief ihm Marius zu.

Bevor Torsten reagieren konnte, lief Marius zum Schaffner und streckte ihm 50 Pfennig entgegen. "Hier bitte, ich muss eine Station weiterfahren und vergaß mir die richtige Karte zu lösen". Torsten, der kein Geld dabei hatte, musste dem Schaffner versichern, dass er die 50 Pfennig nachzahlen würde. Er stammelte etwas von seiner Mütze und weinte.

Als der Zug hielt, stiegen beide aus.

Marius lief zur Bushaltestelle, er hatte immer einen Notgroschen dabei.
Torsten musste zu Fuß nach Hause und heulte wie ein Kleinkind.

So geht diese Geschichte zu Ende. Für Marius hatte die Mützengeschichte kein Nachspiel.

Torsten war es peinlich, irgendjemand davon zu erzählen, schließlich war er der Verlierer.

Marius war dieser Vorfall unheimlich. Er kannte diese plötzliche Kraft in sich noch gar nicht, doch Tag für Tag wurde sie stärker.

Nicht alle Kinder werden als Riesen geboren, doch alle können zu Riesen werden.

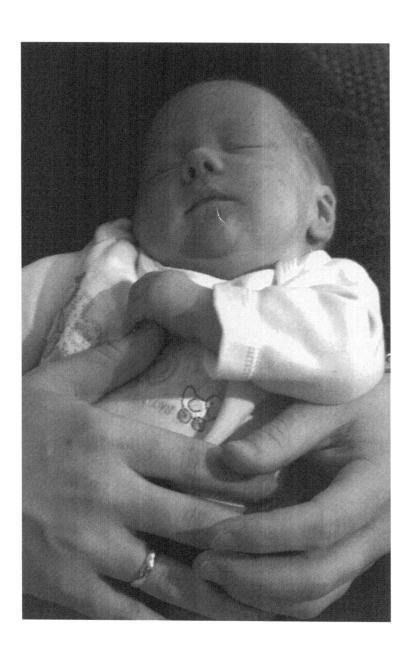

Welch ein Glück!

Eben noch an Deinem Bettchen,
Du schläfst ruhig und atmest sacht.
Kann mein Glück noch gar nicht fassen,
Du tauchst ein in diese Nacht.
Du bestimmst nun unser Leben,
Du zeigst uns, was Dir gefällt.
Du schenkst uns mit Deinem Lachen
eine neue, schöne Welt!

Gestern waren wir noch mürrisch,
grämten uns, verklärter Blick.
Du bist da, alles ist anders,
bringst den Boden uns zurück.
Wir wollen immer mit Dir gehen,
Dich behüten, bei Dir sein.
Deine Flügel nie beschneiden,
niemals bist Du ganz allein!

Deine Welt, sie steht Dir offen,
gehe aufrecht mit viel Herz,
nur das Beste für Dein Leben,
ganz viel Liebe, wenig Schmerz.
Du lernst viele Menschen kennen,
die Dich prägen, Freunde sind,
denk daran, es ist Dein Leben,
vieles wird vergehn im Wind.

Welch ein Glück, dass wir Dich haben,
welch ein Glück strahlt uns jetzt an,
wenn Kinderaugen glücklich funkeln,
gerät die Welt aus ihrer Bahn.

Neuer Weg, neuer Weg,
ich seh' kein Land und keinen Steg,
neuer Weg nimm mich mit,
das Gestern bringt mich aus dem Tritt.
Ich versprech' Dir, ich halte Schritt!
Refrain für das Lied "Neuer Weg", Komposition Nino Deda

Neuer Weg

Manchmal will man ohne Fragen,
einen neuen Weg einschlagen,
will das Alte alt sein lassen,
mit sich selber nur befassen.

Einen Stein ins Rollen bringen,
sich im Nu auf's Pferdchen schwingen,
bis zum Horizont gelangen,
einfach wieder neu anfangen.

Sich selber nur im Spiegel seh'n,
keine Wahrheiten verdreh'n,
einmal aus der Masse treten,
einmal für sich selber beten.

Ängste jetzt ganz offen tragen,
ohne murren, ohne fragen,
aufschreien, sich selbst besinnen,
endlich eignen Mut gewinnen.

Das letzte Wort gesagt sein lassen,
die alte Lethargie verschassen,
mit neuem Mut das Neue wagen,
nie mehr über gestern klagen.

Zum letzten Mal die Tür verschließen,
das Leben wieder neu genießen,
wird's Dir beim Denken jetzt doch bang,
fang' mit kleinen Schritten an.

Frommer Wunsch

Tolerant und aufgeschlossen,
ewiglich ein klares Wort,
Freundschaft haben wir geschlossen,
ganz egal an welchem Ort.
Nur zusammen wächst die Zukunft,
Offenheit, statt Macht und Gier,
hört die Herzen, reicht die Hände,
unser Morgen, das sind wir.

Freundschaftlich zusammen stehen,
Toleranz statt Eigensinn,
ganz egal, wohin wir gehen,
Menschlichkeit ist ein Gewinn.
Nur zusammen wächst die Zukunft,
Offenheit, statt Macht und Gier,
hört die Herzen, reicht die Hände,
unser Morgen, das sind wir.

Alles wird leichter

Die Morgen werden heller,
die Luft ist wieder klar,
der Tag erwacht nun schneller,
der Winter geht, er war.

Der Mensch wirkt neu geboren,
manch' Last, sie fällt jetzt ab,
Du wirkst nicht mehr verloren,
und fühlst Dich nicht mehr schlapp.

Man hört die Vögel singen,
man schwingt sich hoch empor,
Du willst vor Freude springen,
nimmst vieles mit Humor.
Der Frühling ist's das weißt Du,
er kommt mit ganzer Kraft,
er gibt Dir Halt, er schenkt Dir Ruh,
das Dunkle ist geschafft.

Alles wird leicht, alles wird geh'n,
vergiss' die Nacht, lass' es gescheh'n,
denkt jetzt nach vorn, nicht mehr zurück,
Du bist bereit, Dir naht das Glück.

Refrain für das Lied „Alles wird leichter", Komposition Nino Deda

Wäschegeschichten

Ich liege im Gras und schaue nach oben. Eine Nachbarin hat Wäsche aufgehängt, durcheinander, unstrukturiert. Ich betrachte die Wäschestücke, die der Wind etwas fliegen lässt. Die bunten Klammern werden ihrer Aufgabe gerecht, sie halten die Wäsche fest und lassen ihr doch genau die Freiheit, die sie braucht, um ordentlich zu trocknen.

Eigentlich komisch, der Wäsche widmet man keine Aufmerksamkeit, obwohl man ohne Wäsche ziemlich aufgeschmissen wäre. Ich erinnere mich an das erste Nacktbaden an dem kleinen Weiher. Wir waren um die Dreizehn und ziemlich schüchtern. Frank, das Nesthäkchen unserer Bande musste Schmiere stehen, damit auch wirklich keiner kam. Was hatten wir einen Horror vor Mädchen. Man stelle sich vor, sie hätten uns nackt gesehen. Unvorstellbar, die hätten uns glatt etwas abgeguckt. Auf jeden Fall amüsierten wir uns prächtig. Auf einmal wurde Frank am Ufer wütend, weil auch er ins Wasser wollte. Doch wir hielten ihn davon ab, schließlich hatte er eine tragende Rolle. Er durfte seinen Wachposten nicht verlassen. Frank wartete noch kurze Zeit, dann schnappte er unsere Kleider, schnell aufs Fahrrad und weg war er. Wir waren wie angewurzelt und blieben noch eine Weile im Wasser.

Doch das war logischerweise keine Lösung auf Dauer. Eine Wäscheleine, vollbepackt mit Wäschestücken, rettete uns das Leben.

Etwas seltsam bekleidet, ich hatte einen rosa Schlafanzug an, traten wir den Heimweg an. Einen Tag später legten wir heimlich die Wäschestücke mit einem Zettel zurück, auf dem stand: „Ihre Wäsche hat uns das Leben gerettet".

Und noch was kommt mir in den Sinn: Wenn ich meine Oma besuchte, wusch sie oft. Ich half ihr dann die Stücke auf die Leine zu hängen.
Sie mussten nach einer bestimmten Ordnung aufgehängt werden. Zuerst die guten Sachen, selbstverständlich geschlechtlich getrennt, dann Opas alte Unterhemden mit Stopfaufwand, daneben die intakten Unterhemden. Verschämt in der Mitte, bloß nicht einsehbar, ordnete sie die Unterhosen und Mieder.
Vollendet wurde das Wäschewerk mit der Aufreihung der Strümpfe. Akkurat nach Farben geordnet, glatt gezogen und wie Soldaten aufgereiht. Kein Wunder, dass meine Oma den Boden mit einem Putzmittel namens „General" aufwischte.

Das Abhängen ging übrigens in umgekehrter Reihenfolge.

Als ich meine Augen wieder öffne, sehe ich schwarze Wolken am Himmel aufkommen und denke an die Wäsche meiner Nachbarin. Sie ist in die Stadt gefahren, um Einkäufe zu tätigen. Ich entschließe mich, ihr die Wäsche, die längst trocken ist, abzuhängen. Auch entschließe ich mich Omas Rangordnung peinlich genau einzuhalten.
Gelernt ist schließlich gelernt...

Ausgebrannt

Ausgebrannt
wo eben noch Flammen waren
wird das Gemüt gekühlt.

Ausgebrannt
eine gähnende Leere,
die Dich nicht ruhen lässt.

Ausgebrannt
brennendes Verlangen
mit Lethargie erstickt.

Ausgebrannt
angstvolles Wachen,
das alles verdrängt.

Ausgebrannt
wo ist das Ich,
das Dir Leben einhaucht.

Engel

Morgengrauen. Die Straßen sind verstopft, die Menschen haben griesgrämige Gesichter hinter den beschlagenen Autoscheiben. Schnell zur Arbeit, am Besten nicht links und rechts schauen. Ich muss noch tanken und erreiche nach langer Wartezeit endlich die ersehnte Tankstelle. Bevor ich meine Zapfsäule erspähe, bremse ich nochmals ab. Ich sehe einen Mann, der gebückt an einem Wägelchen geht. Seine Beine sind ganz krumm, schon lange kann er sie nicht mehr richtig bewegen. Seine Hände klammern sich fest an dem Stahlgestell mit den Hartgummirädern. Unsere Blicke treffen sich. Seine Augen sind fast so grau wie seine wenigen Haare. Ich brummele "Guten Morgen!".

Er lächelt kurz und schiebt seine Karre an meinem Wagen vorbei, um mich nicht zu behindern. Beim Vorbeifahren sehe ich, dass er sich auf den Wagen einen Korb gebaut hat, Tüten mit Backwaren liegen darin. Ich sehe ihm noch eine Zeitlang gedankenverloren nach, bis mich die laute Hupe meines Hintermannes wieder aufschnellen lässt. Mittags als ich wieder nach Hause komme, erzähle ich die Begegnung meiner Nachbarin. Sie kennt den Mann mit dem Hilfswagen. Er lebt mit seiner steinalten Mutter zusammen und erledigt trotz seiner Behinderungen die täglichen Einkäufe. Ein Schlaganfall in jungen Jahren, viel zu spät behandelt, besiegelte sein Schicksal. Doch der Mann gibt nicht auf, jeden Tag nimmt er den beschwerlichen Weg auf sich, um seinen Besorgungen nachzugehen. Und nicht nur das. Er bringt auch anderen älteren Menschen etwas mit.

Sie können sich auf ihn verlassen. Selbst bei Regen sieht man den Mann seinen Wagen mit den Einkäufen vor sich her schieben.

Engel gibt es wirklich, denke ich mir, Flügel brauchen sie nicht. Kurze Zeit später bin ich auf einer Weihnachtsfeier eingeladen. Ich stehe in einer Ecke und betrachte das Geschehen um mich herum. Es ist laut, eine Band spielt, fast alle Besucher tanzen. Da entdecke ich einen jungen Mann, der unentwegt mit dem Fuß den Takt aufnimmt. Seine Augen leuchten - Musik, so scheint es, ist sein Lebenselixier. Ich kenne den jungen Mann vom Sehen. Seit seiner Geburt ist er geistig behindert, er redet nie - ist jedoch immer präsent.

Obwohl er fest zur Firma gehört, ist er ein Außenseiter, mit dem sich wenige Menschen befassen. Er beobachtet die Anderen, die sich Richtung Bühne bewegen. Einige Minuten sehe ich ihn auch auf der Tanzfläche. Eine Frau, die seine Blicke verstand, umarmt ihn, er schmiegt sich an sie und genießt die Nähe. Unbeholfen nimmt er sie am Arm. Er ist überglücklich, dass sie mit ihm tanzt. Nach ein, zwei Musikstücken geht er wieder an seinen Platz und winkt der Frau zu. Jetzt lächeln beide. Sie hat den Jungen heute froh gemacht, solche besondere Momente gibt es für ihn selten. In Gedanken sehe ich den alten Mann mit dem Wagen und die Frau vor mir. Mir ist es warm ums Herz. Es ist schön, dass es noch Menschen mit Gefühl gibt.

Engel sind immer unter uns, wir müssen sie nur wahrnehmen.

Danke...

Monika Vomwalde und Hans Huwer für die schöne Titelgestaltung und den Layoutentwurf.
www.HuwerLogo.de

Meike Koning und Stefan Klopp für ihre Unterstützung.

Nino Deda, der mich mit seinen Kompositionen immer wieder neu beflügelt.

meiner Frau Alexandra für viele Anregungen und meinem Sohn Lauritz, der mich scheinbar Vertrautes neu erleben lässt.

Sören Meng wurde 1974 in Ottweiler geboren und lebt in Neunkirchen-Wiebelskirchen. Seit Jahren schreibt der Verwaltungsfachwirt Gedichte und Geschichten. Im Jahre 2005 veröffentlichte er im Eigenverlag närrische Texte seines verstorbenen Vaters Rainer Meng unter dem Titel: „Stürmische Neunkircher Zeiten - Lyrisches im Zeichen der Fastnacht". Im Engelsdorfer Verlag erschien 2006 sein Buch „Bewahre den Augenblick" mit Kurzgeschichten und Gedichten, 2007 erschien ein Weihnachtsbuch „Weihnachten wird's", das gemeinsam mit dem saarländischen Autor Günther Klahm entstand. Sören Meng ist verheiratet und hat einen Sohn.